NEW YORK POST

Electrifying
Su Doku

NEW YORK POST

Electrifying
Su Doku

150 Difficult Puzzles

Compiled by sudokusolver.com

HARPER

NEW YORK • LONDON • TORONTO • SYDNEY

HARPER

HarperCollins books may be purchased for educational, business, or
sales promotional use. For information, please e-mail the Special Markets
Department at SPsales@harpercollins.com.

ISBN 978-0-06-200750-6

HB 11.04.2019

All puzzles supplied by Lydia Ade and Noah Hearle of sudokusolver.com

Book design by Susie Bell

Contents

Introduction

Su Doku is a highly addictive puzzle that is always solvable using logic. It has a single rule – complete each Su Doku puzzle by entering the numbers 1 to 9 once in each row, column and 3x3 block.

Many Su Doku puzzles can be solved by using just one solving technique. In the Difficult rated Su Doku in Fig. 1, two blocks in the center row of blocks already contain the number 4. So, the 4 for the center block (highlighted) must go somewhere in the fourth row. As there is already a 4 in the sixth column, you can now place the 4 in the only remaining square in this block.

Fig. 1

			6	8		5	3	
					4	6		8
					7		9	
			8			1	2	
		5		3		4		
	2	4			6			
	3		2					
7		2	1					
	1	6		7	8			

You can apply the same technique to place a number in a row or column.

In this puzzle, you will need a slightly harder technique that may require pencil marks. Pencil marks are small numbers, usually written at the top of each unsolved square, listing all the possible values for that square. In the top right block, there are few unsolved squares remaining, so mark in all the pencil marks for this block (Fig. 2). One square has only the 2 pencil mark as a possibility and so can be solved.

Fig. 2

Remember, every Su Doku has one unique solution, which can always be found by logic, not guesswork.

All Su Doku puzzles are provided by sudokusolver.com, where you can find details on more complex solving techniques and generate your own puzzles.

Puzzles

			7			5	9	
8	4						6	
7		9			6	8		
		2	1		8			6
				2				
6			3		5	9		
		1	5			2		9
	2						8	7
	3	7			2			

3					9	5	2	
					5	7	9	1
			1	6				
	5	7						
		3				4		
						1	8	
				1	3			
4	3	2	9					
	8	5	6					7

					5		1	
2	6			8		5	4	
	9		6					
1				7		9		
	5		4	1	8		7	
		8		6				4
					3		2	
	1	2		5			3	7
	8		1					

	5	4			1	8	7	
8							1	2
1								5
			1	9				4
			3	5	4			
6				2	8			
4								8
2	9							7
	7	5	6			4	2	

7	1	3	9					8
		2						7
					2		3	9
		6	2		8			4
4			5		9	7		
1	4		8					
2						4		
8					7	6	5	1

					8	2		
		5		1	9	6		
3	6				4		8	
5	3	9						
	7						5	
						1	6	3
	5		7				9	2
		2	1	3		7		
		3	4					

5	8							7
	1				6		3	8
			2	8				
	2			1		6		
		4	8		2	1		
		9		5			2	
				3	7			
9	5		1				4	
2							8	9

5				7	6		3	8
4								
		9			5	1		
1		7		2				
2			5		3			9
				9		8		4
		2	1			3		
								7
9	8		3	4				1

	9						4	8
3				4	7			2
			6			5		
		9		6			5	
	7		2		8		9	
	5			9		8		
		4			5			
9			4	2				3
6	3						8	

Electrifying

2				6		4		3
	3				5		1	
9		4	3				7	
	1		7					
8		9				7		1
					2		3	
	9				4	1		7
	7		2				9	
3		8		7				2

7				4		2	9	6
8				9	6			
6			1					
	2					5		
5	8						1	7
		9					6	
					2			4
			3	5				8
2	6	4		8				5

8			9		3			2
			6	7	2			
		2				6		
5				6				4
3	8		5		4		6	7
6				2				5
		6				9		
			2	4	5			
1			8		6			3

8			2	3		9		4
			4					
1		6			9	3		
		4					6	9
5								7
3	8					2		
		2	1			4		6
					4			
4		5		6	3			8

Electrifying

			4		1			5
	5				9	3		
	3						7	8
	6				8			
9		8		6		2		1
			9				6	
3	2						9	
		5	1				4	
6			5		2			

5		7						9
	3				2		6	
		8		3		2		7
	5		7		9			
		6				1		
			6		4		5	
8		1		4		5		
	6		2				9	
2						7		1

Electrifying

		3	8				5	
		4	3					7
1	6		2					
2	7	9	5		8			
			1		4	9	3	2
					2		1	9
4					3	5		
	5				6	7		

6				7		9		2
			8		5			
9				6	4			
	6	8					2	
2		1				3		9
	5					1	8	
			6	8				3
			9		7			
4		2		3				6

	1			6		7		
		7						1
6			3	1			9	
			7		6	1		
8		6		4		3		9
		1	9		8			
	8			2	5			4
4						9		
		3		8			5	

							8	1
3	1					7		
6	9	5						
	4	3	5	2				
	2		8		7		3	
				3	4	2	9	
						9	6	8
		2					4	7
9	3							

					7	9	4	2
	3							8
2	6			1	9			
				7	5			
		2				7		
			1	6				
			9	8			6	4
9							8	
3	5	8	2					

5	4						7	8
		1		6		4		
	9		4		2		6	
1			8		9			2
				4				
8			6		1			4
	1		5		4		2	
		2		7		3		
3	5						4	7

		7			1	2	3	
5			9			8		
6	3							9
2				6			1	
			8	9	2			
	6			5				4
9							7	1
		2			8			3
	7	6	4			5		

9	3		5			8		
					2		1	
							2	
				8	1			5
1	6		9		3		8	7
2			4	6				
	7							
	4		1					
		6			7		3	1

		3	4	8				
	7						4	
		1	6			2		8
				4		9		7
3			7	9	1			6
7		5		6				
5		8			6	1		
	3						6	
				3	8	7		

8					5			3
	9						4	
4	5	6	3					
	6	9	1		2		7	
7								5
	2		7		4	3	9	
					1	9	6	8
	4						3	
9			6					1

Electrifying

4	3		7	6		1		8
	7		1				4	3
1					4			
		4					9	6
2				1				7
5	8					3		
			2					1
9	2				8		6	
8		7		4	1		3	9

	4			1	3		8	
8	3						5	7
					4			
3		2		9				
4			7	5	2			3
				3		5		2
			1					
2	8						1	6
	7		9	2			3	

	3				5	6		
		5		8				4
7			1		3			
		4	8	7				
	9						7	
				9	1	5		
			3		9			2
5				6		9		
		6	4				3	

	4					8		3
	3	2					9	
		8	2	1				4
			6				8	
	5		1		4		6	
	7				8			
5				8	1	2		
	1					9	7	
6		7					1	

8		6			7			9
						2		
	5	2			3	6		7
6		7	2		5			
				9				
			3		1	7		6
2		8	1			5	7	
		5						
7			5			3		8

8			1		7	2		6
			5					
9		6			4	5		
5		2					4	9
			3					
6	9					7		2
		9	3			4		7
					6			
3		7	9		8			5

Electrifying

3	8				1			2
				3	9	4		8
	4				5			
9	3	1						
	5			4			8	
						5	7	9
			1				9	
7		5	3	2				
2			5				3	7

	4	3						
	7			1			9	
6					9	7		
1					2			6
4			1	7	3			8
2			4					1
		6	8					4
	2			6			1	
						6	5	

	3				9		4	
5		6			1			2
			6		4		3	
9	8	3				6		
		1				3	8	9
	9		7		2			
3			1			9		5
	2		3				7	

8			5		2			6
	4			7			9	
	3		9		8		2	
1								9
	8	4				3	7	
6								5
	6		4		5		8	
	2			1			5	
7			8		3			1

9			4		5			1
	7						2	
5			9	2	7			8
	6	3		9		7	4	
	5	9		7		6	8	
3			2	4	1			7
	9						1	
2			6		9			4

2	5						7	9
	3			8				2
4			3				1	
			5			1		
	9						2	
		3			6			
	7				8			1
5				7			4	
6	8						5	7

Electrifying

2		8			3			5
				6		9		
4			7	2			3	
		3						6
	4	7				1	5	
9						7		
	7			9	1			2
		4		3				
3			8			5		7

Su Doku

	1				7			2
7		2			6	3	1	
	6			1	2		5	
					8	7	2	6
		7				5		
2	4	6	3					
	5		2	8			7	
	2	9	7			1		5
3			5				6	

1			5	3				7
	3	7						
6			7		4		3	
			8		9	4		
	9	6				2	1	
		4	2		6			
	5		6		2			4
						3	5	
7				4	5			1

	6						4	8
			1	9	8			
		9		2			7	
	5	7						
	9	1	3		7	2	8	
						7	3	
	2			3		8		
			9	6	1			
7	1						6	

			8	7		2		
			5			6		
		8	2				7	9
3		5					6	
1	4	7				8	9	2
	8					7		3
6	5				7	1		
		4			8			
		3		6	4			

6						3		
		1	5		2			
	3		7	6				5
	6	9					7	
		3		9		6		
	7					9	5	
8				7	6		2	
			8		9	7		
		6						9

6		1	2					9
						8		
	4	8	1			7		2
				2		4		3
			3	5	8			
2		3		7				
8		7			9	1	3	
		6						
4					6	2		7

3					9	6		
						7	2	
	4	2						
	8			3				1
		4	7	2	8	3		
6				9			7	
						1	4	
	9	1						
		3	5					2

					6		1	
	3	8		1				9
	1	4	5	3				
		9	3					6
	8	6				3	5	
3					1	7		
				9	7	2	4	
7				5		6	3	
	4		2					

		5	7	9	6			
							5	
9	4	1						3
		6	9	2				
	3						9	
				6	4	8		
1						7	3	4
	5							
			6	1	8	5		

			6	4				
5	7		3		1			
4	6	1						
8		5			2		9	
		3				6		
	2		1			5		8
						8	5	3
			5		4		6	2
				7	8			

		5				7	2	
	2		3				8	
	7	6			4	1		
2		1	7		8			
			6		1	4		8
		4	1			2	9	
	6				2		5	
	3	2				8		

6				7		2		5
			6	4				
7		9			8	6		
		2					9	
8	1						3	4
	7					5		
	6	1			4			7
			2	7				
4		7		3				2

			4		1			
7			2			9	8	
3	6		5					4
		8	3				6	
		6	1		7	5		
	7				8	1		
2					4		5	9
	8	7			2			3
			8		3			

					9	8		
	9	2					4	
6			8	2			7	
2				6		7		
		9	7	8	1	4		
		7		4				6
	2			9	4			5
	3					2	8	
		1	2					

					9	3		
					6			7
	2		1			6	5	
	5	8						9
7			9	8	3			5
9						4	6	
	9	7			1		8	
1			8					
		5	7					

			7	8				2
		6	4				7	
	8	2	9			1		
5	3	8						
9				7				5
						9	8	1
		7			9	3	1	
	2				3	5		
3				4	7			

7		4	9			2		
	5					1		
1					2		4	6
5			4	3		7		
			8		5			
		7		1	6			9
8	7		3					2
		9					7	
		5			7	3		8

7	4		9					8
		5	7					4
		3			2	1	7	
		4					5	2
				9				
1	8					3		
	1	7	8			5		
4					5	7		
2					1		4	9

					8	6		
		5		9		2		
2	6		3		7		4	
4		3				1		
	9						2	
		2				7		4
	1		8		2		6	9
		9		4		3		
		7	6					

	8		3					
	6				9		1	2
		5			1	8		
	3	1	8		7			5
				6				
5			9		4	6	3	
		9	7			1		
3	7		1				5	
					5		9	

	9				3	8	1	
8								9
4		1			2	7		
3		9		8				
			9		6			
				5		9		4
		5	6			4		1
9								2
	8	2	4				5	

		1	9		7			
	2	6	8				7	
					3		5	8
4		8					2	1
2	1					3		4
1	5		3					
	6				2	9	3	
			6		8	4		

7			9					
	9	1	2	8				
	2			3	7		1	
					4			5
1	7						3	6
5			7					
	5		4	6			9	
				7	8	3	5	
					5			7

Electrifying

2					7			6
1	9	6						
3			5				2	
			7	2		8	6	
	8	2		1	3			
	2				4			8
						6	7	1
6			8					9

		2	6	3	9		4	
7								2
6	9				8			
9	6		3					
			9		7			
					1		3	9
			5				7	4
5								8
	4		2	7	3	6		

	4			3				
	9		7			6	3	
			9	4				1
				1		3	7	8
8	5	7		9				
2				7	3			
	3	5			1		9	
				8			6	

7			3					9
8			7		9			2
	6			8			4	
		8	4		7	1		
4		1				9		5
		6	8		5	2		
	4			2			1	
1			9		3			6
2								8

		4	3	5	1	6		
	5						1	
9								4
2				7				5
	4	7				8	6	
1				6				9
7								3
	1						2	
		9	2	4	6	5		

5	2		1		7	9		
4				5			7	
					8			5
8			7					3
	1			4			8	
3					9			7
9		3						
	6			7				2
		2	4		3		6	1

Electrifying

	3			4			2	7
2			3					
		9		2	1			
4							9	1
		2	1		5	8		
3	9							6
			5	6		3		
					3			9
5	4			1			8	

			4		2		6	9
		8				2	4	3
6			2		1		8	
5		9		6		3		1
	8		3		9			7
3	2	7				5		
1	5		9		8			

	6		5					
			3	1				5
		7		4	2	6		
		5					8	6
	1	6		7		3	2	
4	8					7		
		8	7	3		2		
6				2	9			
					8		4	

				7				
	2	3				1	7	
7			1	3	4			2
2		4				6		9
	7		5		6		1	
6		5				4		7
3			8	9	1			6
	4	6				9	2	
				6				

1		4		3	5			6
	8	7				3		
5	3		7				8	
		1		8				4
3			6		4			5
4				1		8		
	4				1		9	3
		3				6	2	
7			3	9		1		8

			2		8			
	6						8	
8		4		6		5		1
	2	8		4		9	5	
				2				
	1	9		7		8	6	
2		1		5		7		8
	8						4	
			7		3			

4	3	5	2					9
2					3	5	1	
7				6			3	
9					6		2	
		8				9		
	2		8					3
	7			2				1
	9	2	3					5
3					8	2	4	7

	9			4		5		
		7						3
5		2		7		1	6	
			3		7			
6		3		2		7		1
			6		4			
	8	1		5		6		9
7						3		
		4		3			5	

	8	2				4	1	
	3		7	9	4		5	
		1		8		5		
6	5		1		2		8	3
		9		5		2		
	6		2	4	8		9	
	1	8				7	2	

Su Doku

3							4	7
5		6					1	3
				3				6
		3	1		9			
9			3	7	2			1
			4		5	3		
6				1				
2	5					9		8
8	4							5

Electrifying

	7	3		8			1	
					4	6		
		4					5	8
					2		8	5
	1	2				3	4	
8	4		7					
9	2					5		
		7	3					
	8			1		4	6	

		4		7		6		9
	3				8		1	
1		5			2			8
					5	9	7	
3								1
	2	7	9					
5			8			1		6
	1		3				5	
4		8		5		3		

8			6		4		9	2
7				9	2			
		6		8		7		
9	7							6
	6	1				4	7	
5							2	1
		7		5		9		
			7	4				5
4	5		3		9			7

			8	7		9		
	6			9	3		7	
9					2			
	8	6		5				2
4	5		7		9		6	1
2				8		3	5	
			4					7
	4		2	6			8	
		5		1	8			

					5		4	
		3	2	4				1
	1	9		6	3			
	7					3		6
	3	1				4	7	
6		8					5	
			1	2		8	6	
1				3	7	5		
	9		5					

	1		4	8	5		3	9
2	4							5
		3						
9				6				8
1			9	3	8			2
7				4				1
						5		
5							2	4
4	9		1	5	6		8	

Electrifying

	4				3	1		9
	9	5		8			3	
3			4					5
	5		6		7			1
				4				
6			1		8		4	
2					4			3
	1			2		4	5	
5		4	8				9	

		6	2					9
	9	1	4	8				
2								4
	5	7			2			
	8						2	
			9			4	7	
9								5
				1	8	3	9	
7					3	1		

Electrifying

4			5		7			2
				3				
3		7				5		1
	9		4		1		2	
1		6				7		9
	7		3		9		1	
7		3				2		8
				2				
5			7		4			6

				3		8	7	
4	3	9	7				1	
6							9	
			3		1		6	
1								7
	8		9		7			
	1							9
	6				3	1	2	4
	4	5		9				

Electrifying

	6	2	4		1			
7		1						
9	5		8			3		
2		9	6		7			3
6			9		2	1		5
		7			8		1	6
						8		4
			5		4	7	9	

				7	1			
			8		6	3		
	4	6		2		7		
7	6						2	
2		3				9		5
	5						7	4
		9		3		1	4	
		7	4		8			
			6	1				

			4	5		6		
	1						5	
5			2	1	6			
		9		2		7		5
6		1	7		5	3		9
7		5		9		8		
			1	7	3			8
	7						6	
		8		6	4			

		4					5	
2	8				5		9	
			4		2			1
	2	5		8		9		
			1		9			
		3		2		4	8	
1			2		6			
	3		7				2	9
	5					6		

	3		6			2	4	
								9
2			5					6
	2		7	1		8		
	9						7	
		4		6	8		2	
8					4			7
1								
	4	3			2		6	

							5	4
					2	7		1
		4	3			6	9	8
		5	8					
	3		7		5		2	
					3	1		
9	1	8			7	5		
3		7	2					
6	5							

	9		6	4	8		3	
5				3	9		1	8
7							6	9
3	6						5	7
2	1							3
6	7		9	8				5
	5		2	6	1		7	

2	1	6	9					3
		7		8				2
							9	5
			8		1			6
	6						8	
9			3		6			
1	5							
6				3		5		
3					5	9	4	7

Electrifying

4	9		2		7		6	
	8		1					
6				3				9
			6			7		
1		4	9		2	6		8
		6			8			
8				2				7
					5		9	
	2		8		3		4	6

8				2		3		7
3			9	8		5	2	
					3	6		
6		2						
	9			3			6	
						9		2
		5	4					
	1	9		5	8			6
7		6		1				3

9	7	3			5			2
2		4	3					
6	5				4			
	6				1	4		9
4		2	7				1	
			2				9	8
					9	7		4
7			1			2	6	3

2				6				4
3			8		4	6		
			3	7				5
		3						9
		2	1		8	7		
4						8		
8				1	2			
		5	9		7			1
9				3				8

	9		7			5		
		1				9		3
3	2			5			4	
			5		3			7
		7		2		4		
4			9		7			
	4			7			3	8
8		6				2		
		3			6		9	

	9				3	5	2	6
6					1			
		8			2	4		
1			8				5	
		9				1		
	8				9			7
		3	9			6		
			5					4
5	4	6	2				1	

Electrifying

		1	4			9		
	3			1			4	
6			3	7				1
						3		5
	6	5				8	1	
1		3						
3				5	6			4
	4			9			2	
		8			2	5		

	6		8				1	9
9					1		7	4
			4			6		
2		1			9		5	
	4		7			8		6
		4			2			
8	2		9					5
3	7				6		4	

Electrifying

		5	3					4
			1			3	2	
	2				8			9
			5		3			8
		9				7		
5			6		1			
9			4				1	
	5	1			2			
4					6	8		

	5	9	8			3		7
	4		9			1		
	3		5					
1	8					5		
		3					1	6
					1		3	
		7			9		4	
2		4			7	6	5	

2	8		1			3		
4				6	9			7
						9		
9		1		4	5			8
7			6	8		4		2
		4						
1			7	2				9
		2			6		7	4

	3	1			8		7	
		9		2		6	8	
	8	6		3				
6			2		9			
			7		5			2
				5		8	9	
	1	4		8		2		
	5		9			3	4	

Electrifying

9			8		6			
		6		4		3		
	5						1	
7			4		3			2
	9						7	
4			1		9			3
	4						8	
		8		5		9		
			3		2			7

2		5		7		6		8
			9	5				
8			4					3
						3	6	
9	7						4	5
	2	6						
7					9			1
				1	4			
1		4		3		2		7

Electrifying

		3	6			2	9	
					2			7
7				8		6		1
2							1	
		6		4		7		
	4							5
5		9		1				4
6			9					
	7	4			8	3		

			4					3
8	7						6	
		1		2		9		
			9		3	2	8	
		6				5		
	3	2	8		6			
		8		1		4		
	2						1	9
4					7			

2					1			
	9		5				7	
	8	4	6					
5					9			3
4	7						5	9
9			8					1
					4	8	1	
	5				8		2	
			1					6

		1	6	4		5	8	
	4				7			3
5						4		7
7					5		9	
6								4
	1		4					6
1		2						8
9			3				1	
	6	8		1	2	7		

9					8		1	3
	7		4		1		8	9
		2						
	5		8				6	2
				9				
4	9				3		7	
						7		
5	1		7		2		4	
7	2		3					5

1					5			6
	3				1		5	
		5	6		3	4		
3	1	8				7		
		7				5	4	9
		3	9		4	2		
	2		1				9	
8			7					4

	2	8		3	7			1
								2
		1		9				6
1			3			6		
8								9
		5			4			8
9				1		7		
5								
3			4	8		9	6	

6					9			3
	2		1					
			7	8			6	
	7	5				2		8
2								9
1		3				4	7	
	1			6	7			
					1		5	
4			9					7

Electrifying

		5	9				3	
	7				1			2
9		3		6	2			
4					3	7	2	
		7		2		8		
	5	8	4					9
			2	9		4		3
5			7				1	
	3				6	5		

	6	9					5	1
5		4						9
1	3		6					
		6		4				
			9	7	5			
				1		3		
					3		7	8
9						2		4
7	8					5	6	

			4			3		5
				8	2	9		
					9		1	6
		4	9					2
2	9						5	3
8					6	7		
3	1		6					
		7	3	4				
9		5			8			

			5	2				3
		4		9	3		8	
			4				6	
7	4							
5		2	1		6	9		8
							3	7
	7				1			
	2		7	4		6		
1				8	9			

		8	3	6	9	2		
					8			
					5	3		4
8						1		9
			6		3			
6		2						8
7		5	8					
			9					
		3	1	7	2	5		

7			6					3
	1			5		4	2	
	3	5			1	8		
		7						6
	4						8	
2						9		
		2	4			6	3	
	5	6		1			9	
9					7			1

Electrifying

1		6		8		4		
8		2					3	
	3		2		4			1
4	8	5						
						3	8	7
5			9		2		4	
	7					1		3
		8		7		2		6

Su Doku

	8		6		4	9		
		5		9				8
2					8		5	
9		8						1
	1						8	
7						6		3
	4		3					9
8				1		7		
		7	5		6		3	

Electrifying

4		6	3				5	
				6			8	
	7		1				2	
2	1		6					
	8	7				6	4	
					9		1	5
	9				2		6	
	6			5				
	3				6	1		9

4								8
	9		4		7		2	
3	8		5		6		4	7
5	1						6	2
			2		3			
2	4						8	3
9	5		6		8		7	1
	2		1		9		3	
6								9

Electrifying

	8			7				6
9						4		5
2				5	4	9		
			5				3	4
		9				8		
8	5				3			
		3	2	9				8
7		2						3
5				1			6	

2			8			6		
	4	7	2					
6				3			1	9
		5					2	
	6	4				9	7	
	2					5		
4	7			5				3
					6	4	5	
		9			3			2

4	2				3			
9	8	3						4
				9			5	
		8		3			9	
3		7				5		2
	9			5		4		
	6			7				
1						8	4	9
			8				6	1

Su Doku

			9				5	3
5				3	1		6	
1			6	2				
8		1						
7			2		3			1
						2		5
				6	2			8
	8		5	4				6
3	4				8			

2							3	
				3			1	
6			2		9			
7				5			4	
		3	7	1	4	2		
	9			2				3
			8		1			5
	4			9				
	8							7

5	9		3		1		2	8
8	7			2			1	3
					6			
4								2
	2			8			6	
6								9
		8						
2	6			1			8	7
7	3		9		8		4	6

Electrifying

	1	2					5	
3								6
			5		1			8
		1		8		9		
			7	6	5			
		4		1		2		
1			4		2			
8								4
	7					5	3	

5	3		7		1			9
	9						6	3
		1	3			2		
9			2		3	6		5
				8				
2		5	4		9			8
		9			2	4		
4	5						9	
1			9		4		8	6

	4				6			
		7		8	9			5
		2	1	4		9	8	
3	9					6		
	8	4				5	3	
		6					9	4
	6	3		1	5	4		
1			4	7		3		
			9				5	

7							8	
			7	1			4	9
		9	8			5		
	1	2		4				
	9		5		6		2	
				2		8	9	
		5			8	7		
2	7			3	1			
	6							3

Electrifying

6		3					9	5
	9				3		1	6
5						4		
				8	4		5	
			9		6			
	8		7	3				
		4						9
9	1		3				7	
7	5					8		2

				3	6	2		
		6	7					
3				1			9	
2							6	
1		4		6		7		5
	3							8
	6			5				4
					8	1		
		7	3	4				

			2		9	3	8	
						2	5	
			3				6	
		3	6			7	2	
		5				6		
	4	9			7	1		
	6				3			
	8	4						
	5	1	4		6			

		4		2			5	
		8	9		6			
			4	5			1	9
	8							6
	3			6			2	
4							9	
7	4			1	2			
			6		8	7		
	1			4		5		

Electrifying

	6				7	4		
					9			5
9		8	5	6		2		
8	5					7		
		7		2		3		
		9					6	4
		4		5	1	9		2
3			4					
		1	9				4	

5	2						1	
8						3		2
		6			5		7	
				2	9	7		
			3		4			
		2	1	7				
	1		6			9		
4		7						8
	5						6	3

Electrifying

1	4						6	
			7		2	1		
			6				7	9
		1					9	8
3	5				1	6		
5	6				9			
		2	3		5			
	3						4	7

4				3				6
	5		6		4		3	
9	3						7	8
6	1			9			4	5
7	2			4			8	3
2	6						5	7
	8		2		3		1	
1				8				2

	4	2					3	
6			9					8
		9	2			6		1
			3		6	8	5	
				1				
	3	6	5		9			
1		3			7	2		
9					2			5
	2					7	6	

		2	5	9		7	6	
4		9				1		
					2			
	8			7		9		
7								4
		5		3			2	
			7					
		7				4		1
	6	4		1	3	2		

6		1				9		5
	5		8		3		6	
5			1		7			8
		9	5		4	6		
8			2		6			3
	2		7		1		5	
4		8				1		2

3			8				7	6
5	1				2		9	
		6	3			8		
	8					9		4
2		1					6	
		4			7	1		
	7		2				5	9
1	5				9			8

							5	6
3		1		6				
9					7	1		
7					4	6		
1	2						9	7
		9	1					5
		4	3					2
				8		3		9
2	7							

Solutions

1

2	6	3	7	8	1	5	9	4
8	4	5	2	9	3	7	6	1
7	1	9	4	5	6	8	2	3
3	9	2	1	7	8	4	5	6
1	5	4	6	2	9	3	7	8
6	7	8	3	4	5	9	1	2
4	8	1	5	6	7	2	3	9
5	2	6	9	3	4	1	8	7
9	3	7	8	1	2	6	4	5

2

3	4	1	7	8	9	5	2	6
2	6	8	4	3	5	7	9	1
5	7	9	1	6	2	8	4	3
8	5	7	2	4	1	3	6	9
6	1	3	5	9	8	4	7	2
9	2	4	3	7	6	1	8	5
7	9	6	8	1	3	2	5	4
4	3	2	9	5	7	6	1	8
1	8	5	6	2	4	9	3	7

3

8	4	7	2	9	5	3	1	6
2	6	3	7	8	1	5	4	9
5	9	1	6	3	4	7	8	2
1	3	4	5	7	2	9	6	8
6	5	9	4	1	8	2	7	3
7	2	8	3	6	9	1	5	4
9	7	5	8	4	3	6	2	1
4	1	2	9	5	6	8	3	7
3	8	6	1	2	7	4	9	5

4

9	5	4	2	6	1	8	7	3
8	3	7	9	4	5	6	1	2
1	2	6	8	3	7	9	4	5
5	8	2	1	9	6	7	3	4
7	1	9	3	5	4	2	8	6
6	4	3	7	2	8	1	5	9
4	6	1	5	7	2	3	9	8
2	9	8	4	1	3	5	6	7
3	7	5	6	8	9	4	2	1

5

7	1	3	9	5	6	2	4	8
9	8	2	3	4	1	5	6	7
6	5	4	7	8	2	1	3	9
5	7	6	2	1	8	3	9	4
3	9	1	6	7	4	8	2	5
4	2	8	5	3	9	7	1	6
1	4	5	8	6	3	9	7	2
2	6	7	1	9	5	4	8	3
8	3	9	4	2	7	6	5	1

6

9	1	4	6	7	8	2	3	5
8	2	5	3	1	9	6	7	4
3	6	7	5	2	4	9	8	1
5	3	9	8	6	1	4	2	7
1	7	6	2	4	3	8	5	9
2	4	8	9	5	7	1	6	3
4	5	1	7	8	6	3	9	2
6	9	2	1	3	5	7	4	8
7	8	3	4	9	2	5	1	6

7

5	8	3	4	9	1	2	6	7
4	1	2	5	7	6	9	3	8
7	9	6	2	8	3	4	5	1
8	2	5	3	1	9	6	7	4
3	7	4	8	6	2	1	9	5
1	6	9	7	5	4	8	2	3
6	4	8	9	3	7	5	1	2
9	5	7	1	2	8	3	4	6
2	3	1	6	4	5	7	8	9

8

5	2	1	9	7	6	4	3	8
4	7	3	2	1	8	6	9	5
8	6	9	4	3	5	1	7	2
1	9	7	8	2	4	5	6	3
2	4	8	5	6	3	7	1	9
6	3	5	7	9	1	8	2	4
7	5	2	1	8	9	3	4	6
3	1	4	6	5	2	9	8	7
9	8	6	3	4	7	2	5	1

9

5	9	7	3	1	2	6	4	8
3	6	8	5	4	7	9	1	2
2	4	1	6	8	9	5	3	7
8	2	9	1	6	3	7	5	4
4	7	6	2	5	8	3	9	1
1	5	3	7	9	4	8	2	6
7	1	4	8	3	5	2	6	9
9	8	5	4	2	6	1	7	3
6	3	2	9	7	1	4	8	5

10

2	8	1	9	6	7	4	5	3
7	3	6	8	4	5	2	1	9
9	5	4	3	2	1	8	7	6
4	1	3	7	9	8	6	2	5
8	2	9	6	5	3	7	4	1
5	6	7	4	1	2	9	3	8
6	9	2	5	3	4	1	8	7
1	7	5	2	8	6	3	9	4
3	4	8	1	7	9	5	6	2

11

7	1	5	8	4	3	2	9	6
8	4	3	2	9	6	7	5	1
6	9	2	1	7	5	4	8	3
1	2	7	6	3	8	5	4	9
5	8	6	4	2	9	3	1	7
4	3	9	5	1	7	8	6	2
3	5	8	9	6	2	1	7	4
9	7	1	3	5	4	6	2	8
2	6	4	7	8	1	9	3	5

12

8	6	1	9	5	3	7	4	2
4	9	3	6	7	2	5	8	1
7	5	2	4	8	1	6	3	9
5	2	7	3	6	9	8	1	4
3	8	9	5	1	4	2	6	7
6	1	4	7	2	8	3	9	5
2	4	6	1	3	7	9	5	8
9	3	8	2	4	5	1	7	6
1	7	5	8	9	6	4	2	3

Su Doku

13

8	5	7	2	3	6	9	1	4
9	2	3	4	1	7	6	8	5
1	4	6	8	5	9	3	7	2
2	7	4	3	8	1	5	6	9
5	6	1	9	4	2	8	3	7
3	8	9	6	7	5	2	4	1
7	3	2	1	9	8	4	5	6
6	1	8	5	2	4	7	9	3
4	9	5	7	6	3	1	2	8

14

7	8	6	4	3	1	9	2	5
4	5	2	7	8	9	3	1	6
1	3	9	6	2	5	4	7	8
5	6	4	2	1	8	7	3	9
9	7	8	3	6	4	2	5	1
2	1	3	9	5	7	8	6	4
3	2	1	8	4	6	5	9	7
8	9	5	1	7	3	6	4	2
6	4	7	5	9	2	1	8	3

15

5	2	7	4	6	8	3	1	9
4	3	9	1	7	2	8	6	5
6	1	8	9	3	5	2	4	7
3	5	4	7	1	9	6	8	2
9	8	6	5	2	3	1	7	4
1	7	2	6	8	4	9	5	3
8	9	1	3	4	7	5	2	6
7	6	3	2	5	1	4	9	8
2	4	5	8	9	6	7	3	1

16

7	9	3	8	6	1	2	5	4
8	2	4	3	9	5	1	6	7
1	6	5	2	4	7	3	9	8
2	7	9	5	3	8	6	4	1
3	4	1	6	2	9	8	7	5
5	8	6	1	7	4	9	3	2
6	3	8	7	5	2	4	1	9
4	1	7	9	8	3	5	2	6
9	5	2	4	1	6	7	8	3

6	8	5	1	7	3	9	4	2
1	2	4	8	9	5	6	3	7
9	7	3	2	6	4	5	1	8
3	6	8	4	1	9	7	2	5
2	4	1	7	5	8	3	6	9
7	5	9	3	2	6	1	8	4
5	1	7	6	8	2	4	9	3
8	3	6	9	4	7	2	5	1
4	9	2	5	3	1	8	7	6

9	1	8	5	6	4	7	2	3
5	3	7	8	9	2	4	6	1
6	4	2	3	1	7	8	9	5
3	9	4	7	5	6	1	8	2
8	5	6	2	4	1	3	7	9
2	7	1	9	3	8	5	4	6
7	8	9	1	2	5	6	3	4
4	2	5	6	7	3	9	1	8
1	6	3	4	8	9	2	5	7

19

2	7	4	3	9	5	6	8	1
3	1	8	6	4	2	7	5	9
6	9	5	7	1	8	4	2	3
1	4	3	5	2	9	8	7	6
5	2	9	8	6	7	1	3	4
7	8	6	1	3	4	2	9	5
4	5	1	2	7	3	9	6	8
8	6	2	9	5	1	3	4	7
9	3	7	4	8	6	5	1	2

20

5	8	1	6	3	7	9	4	2
7	3	9	5	2	4	6	1	8
2	6	4	8	1	9	3	7	5
6	9	3	4	7	5	8	2	1
4	1	2	3	9	8	7	5	6
8	7	5	1	6	2	4	3	9
1	2	7	9	8	3	5	6	4
9	4	6	7	5	1	2	8	3
3	5	8	2	4	6	1	9	7

21

5	4	6	1	9	3	2	7	8
2	8	1	7	6	5	4	9	3
7	9	3	4	8	2	5	6	1
1	7	4	8	5	9	6	3	2
6	2	5	3	4	7	1	8	9
8	3	9	6	2	1	7	5	4
9	1	7	5	3	4	8	2	6
4	6	2	9	7	8	3	1	5
3	5	8	2	1	6	9	4	7

22

4	9	7	6	8	1	2	3	5
5	2	1	9	4	3	8	6	7
6	3	8	7	2	5	1	4	9
2	5	9	3	6	4	7	1	8
7	1	4	8	9	2	3	5	6
8	6	3	1	5	7	9	2	4
9	8	5	2	3	6	4	7	1
1	4	2	5	7	8	6	9	3
3	7	6	4	1	9	5	8	2

9	3	2	5	1	4	8	7	6
7	5	8	6	9	2	3	1	4
6	1	4	3	7	8	5	2	9
4	9	3	7	8	1	2	6	5
1	6	5	9	2	3	4	8	7
2	8	7	4	6	5	1	9	3
3	7	1	2	5	9	6	4	8
8	4	9	1	3	6	7	5	2
5	2	6	8	4	7	9	3	1

2	5	3	4	8	7	6	9	1
8	7	6	2	1	9	3	4	5
9	4	1	6	5	3	2	7	8
6	1	2	3	4	5	9	8	7
3	8	4	7	9	1	5	2	6
7	9	5	8	6	2	4	1	3
5	2	8	9	7	6	1	3	4
1	3	7	5	2	4	8	6	9
4	6	9	1	3	8	7	5	2

25

8	1	7	4	9	5	6	2	3
2	9	3	8	1	6	5	4	7
4	5	6	3	2	7	1	8	9
5	6	9	1	3	2	8	7	4
7	3	4	9	6	8	2	1	5
1	2	8	7	5	4	3	9	6
3	7	5	2	4	1	9	6	8
6	4	1	5	8	9	7	3	2
9	8	2	6	7	3	4	5	1

26

4	3	5	7	6	9	1	2	8
6	7	8	1	5	2	9	4	3
1	9	2	3	8	4	6	7	5
7	1	4	8	2	3	5	9	6
2	6	3	9	1	5	4	8	7
5	8	9	4	7	6	3	1	2
3	4	6	2	9	7	8	5	1
9	2	1	5	3	8	7	6	4
8	5	7	6	4	1	2	3	9

7	4	6	5	1	3	2	8	9
8	3	1	2	6	9	4	5	7
5	2	9	8	7	4	3	6	1
3	5	2	4	9	1	6	7	8
4	6	8	7	5	2	1	9	3
9	1	7	6	3	8	5	4	2
6	9	3	1	8	5	7	2	4
2	8	5	3	4	7	9	1	6
1	7	4	9	2	6	8	3	5

4	3	8	9	2	5	6	1	7
2	1	5	6	8	7	3	9	4
7	6	9	1	4	3	2	5	8
3	5	4	8	7	6	1	2	9
1	9	2	5	3	4	8	7	6
6	8	7	2	9	1	5	4	3
8	7	1	3	5	9	4	6	2
5	4	3	7	6	2	9	8	1
9	2	6	4	1	8	7	3	5

29

1	4	5	9	6	7	8	2	3
7	3	2	8	4	5	6	9	1
9	6	8	2	1	3	7	5	4
4	2	1	6	3	9	5	8	7
8	5	9	1	7	4	3	6	2
3	7	6	5	2	8	1	4	9
5	9	4	7	8	1	2	3	6
2	1	3	4	5	6	9	7	8
6	8	7	3	9	2	4	1	5

30

8	3	6	4	2	7	1	5	9
9	7	1	6	5	8	2	4	3
4	5	2	9	1	3	6	8	7
6	9	7	2	4	5	8	3	1
1	8	3	7	9	6	4	2	5
5	2	4	3	8	1	7	9	6
2	6	8	1	3	9	5	7	4
3	1	5	8	7	4	9	6	2
7	4	9	5	6	2	3	1	8

31

8	4	5	1	9	7	2	3	6
2	7	1	5	6	3	8	9	4
9	3	6	8	2	4	5	7	1
5	8	2	6	7	1	3	4	9
7	1	4	2	3	9	6	5	8
6	9	3	4	8	5	7	1	2
1	6	9	3	5	2	4	8	7
4	5	8	7	1	6	9	2	3
3	2	7	9	4	8	1	6	5

32

3	8	9	4	6	1	7	5	2
5	7	6	2	3	9	4	1	8
1	4	2	7	8	5	9	6	3
9	3	1	8	5	7	6	2	4
6	5	7	9	4	2	3	8	1
4	2	8	6	1	3	5	7	9
8	6	3	1	7	4	2	9	5
7	9	5	3	2	8	1	4	6
2	1	4	5	9	6	8	3	7

33

9	4	3	7	2	8	1	6	5
8	7	2	6	1	5	4	9	3
6	5	1	3	4	9	7	8	2
1	3	7	9	8	2	5	4	6
4	6	5	1	7	3	9	2	8
2	9	8	4	5	6	3	7	1
5	1	6	8	9	7	2	3	4
3	2	9	5	6	4	8	1	7
7	8	4	2	3	1	6	5	9

34

8	3	2	5	7	9	1	4	6
5	4	6	8	3	1	7	9	2
7	1	9	6	2	4	5	3	8
9	8	3	2	1	7	6	5	4
6	5	4	9	8	3	2	1	7
2	7	1	4	6	5	3	8	9
1	9	8	7	5	2	4	6	3
3	6	7	1	4	8	9	2	5
4	2	5	3	9	6	8	7	1

35

8	1	9	5	4	2	7	3	6
2	4	6	3	7	1	5	9	8
5	3	7	9	6	8	1	2	4
1	5	2	7	3	4	8	6	9
9	8	4	1	5	6	3	7	2
6	7	3	2	8	9	4	1	5
3	6	1	4	9	5	2	8	7
4	2	8	6	1	7	9	5	3
7	9	5	8	2	3	6	4	1

36

9	2	8	4	6	5	3	7	1
6	7	4	8	1	3	5	2	9
5	3	1	9	2	7	4	6	8
8	6	3	1	9	2	7	4	5
7	4	2	5	8	6	1	9	3
1	5	9	3	7	4	6	8	2
3	8	6	2	4	1	9	5	7
4	9	5	7	3	8	2	1	6
2	1	7	6	5	9	8	3	4

Su Doku

37

2	5	8	1	6	4	3	7	9
9	3	1	7	8	5	4	6	2
4	6	7	3	2	9	5	1	8
8	2	6	5	9	7	1	3	4
1	9	5	8	4	3	7	2	6
7	4	3	2	1	6	9	8	5
3	7	2	4	5	8	6	9	1
5	1	9	6	7	2	8	4	3
6	8	4	9	3	1	2	5	7

38

2	6	8	9	1	3	4	7	5
7	3	1	4	6	5	9	2	8
4	5	9	7	2	8	6	3	1
5	8	3	1	7	4	2	9	6
6	4	7	2	8	9	1	5	3
9	1	2	3	5	6	7	8	4
8	7	5	6	9	1	3	4	2
1	2	4	5	3	7	8	6	9
3	9	6	8	4	2	5	1	7

39

5	1	8	4	3	7	6	9	2
7	9	2	8	5	6	3	1	4
4	6	3	9	1	2	8	5	7
9	3	5	1	4	8	7	2	6
1	8	7	6	2	9	5	4	3
2	4	6	3	7	5	9	8	1
6	5	1	2	8	3	4	7	9
8	2	9	7	6	4	1	3	5
3	7	4	5	9	1	2	6	8

40

1	2	9	5	3	8	6	4	7
4	3	7	9	6	1	5	8	2
6	8	5	7	2	4	1	3	9
2	7	3	8	1	9	4	6	5
5	9	6	4	7	3	2	1	8
8	1	4	2	5	6	7	9	3
3	5	1	6	9	2	8	7	4
9	4	2	1	8	7	3	5	6
7	6	8	3	4	5	9	2	1

41

1	6	2	5	7	3	9	4	8
4	7	3	1	9	8	6	5	2
5	8	9	4	2	6	1	7	3
3	5	7	8	1	2	4	9	6
6	9	1	3	4	7	2	8	5
2	4	8	6	5	9	7	3	1
9	2	6	7	3	5	8	1	4
8	3	4	9	6	1	5	2	7
7	1	5	2	8	4	3	6	9

42

9	3	1	8	7	6	2	4	5
4	7	2	5	9	3	6	1	8
5	6	8	2	4	1	3	7	9
3	9	5	7	8	2	4	6	1
1	4	7	6	3	5	8	9	2
2	8	6	4	1	9	7	5	3
6	5	9	3	2	7	1	8	4
7	2	4	1	5	8	9	3	6
8	1	3	9	6	4	5	2	7

43

6	5	7	9	4	1	3	8	2
9	8	1	5	3	2	4	6	7
4	3	2	7	6	8	1	9	5
1	6	9	4	8	5	2	7	3
5	4	3	2	9	7	6	1	8
2	7	8	6	1	3	9	5	4
8	9	4	3	7	6	5	2	1
3	1	5	8	2	9	7	4	6
7	2	6	1	5	4	8	3	9

44

6	5	1	2	8	7	3	4	9
9	7	2	4	6	3	8	1	5
3	4	8	1	9	5	7	6	2
5	8	9	6	2	1	4	7	3
7	6	4	3	5	8	9	2	1
2	1	3	9	7	4	6	5	8
8	2	7	5	4	9	1	3	6
1	9	6	7	3	2	5	8	4
4	3	5	8	1	6	2	9	7

45

3	5	8	2	7	9	6	1	4
1	6	9	8	4	3	7	2	5
7	4	2	1	5	6	8	3	9
2	8	7	6	3	5	4	9	1
9	1	4	7	2	8	3	5	6
6	3	5	4	9	1	2	7	8
5	2	6	9	8	7	1	4	3
4	9	1	3	6	2	5	8	7
8	7	3	5	1	4	9	6	2

46

9	5	7	8	2	6	4	1	3
2	3	8	7	1	4	5	6	9
6	1	4	5	3	9	8	7	2
4	7	9	3	8	5	1	2	6
1	8	6	9	7	2	3	5	4
3	2	5	6	4	1	7	9	8
8	6	3	1	9	7	2	4	5
7	9	2	4	5	8	6	3	1
5	4	1	2	6	3	9	8	7

47

3	2	**5**	**7**	**9**	**6**	4	8	1
6	8	7	1	4	3	9	**5**	2
9	**4**	**1**	5	8	2	6	7	**3**
8	1	**6**	**9**	**2**	5	3	4	7
5	**3**	4	8	7	1	2	**9**	6
7	9	2	3	**6**	**4**	**8**	1	5
1	6	8	2	5	9	**7**	**3**	**4**
2	**5**	9	4	3	7	1	6	8
4	7	3	**6**	**1**	**8**	**5**	2	9

48

9	3	2	**6**	**4**	7	1	8	5
5	**7**	8	**3**	2	**1**	9	4	6
4	**6**	**1**	8	5	9	2	3	7
8	1	**5**	7	6	**2**	3	**9**	4
7	9	**3**	4	8	5	**6**	2	1
6	**2**	4	**1**	9	3	**5**	7	**8**
2	4	7	9	1	6	**8**	**5**	**3**
1	8	9	**5**	3	**4**	7	**6**	**2**
3	5	6	2	**7**	**8**	4	1	9

49

3	1	**5**	8	6	9	**7**	**2**	4
4	**2**	9	**3**	1	7	6	**8**	5
8	**7**	**6**	2	5	**4**	**1**	3	9
2	4	**1**	**7**	9	**8**	5	6	3
6	8	7	4	3	5	9	1	2
5	9	3	**6**	2	**1**	**4**	7	**8**
7	5	**4**	**1**	8	3	**2**	**9**	6
1	**6**	8	9	4	**2**	3	**5**	7
9	**3**	**2**	5	7	6	**8**	4	1

50

6	4	8	9	**7**	3	**2**	1	**5**
1	5	3	**6**	**4**	2	9	7	8
7	2	**9**	5	1	**8**	**6**	4	3
3	6	**2**	7	5	4	8	**9**	1
8	**1**	5	2	6	9	7	**3**	**4**
9	**7**	4	3	8	1	**5**	2	6
2	3	**6**	**1**	9	5	**4**	8	**7**
5	8	1	4	**2**	**7**	3	6	9
4	9	**7**	8	**3**	6	1	5	**2**

51

8	5	9	4	7	1	3	2	6
7	4	1	2	3	6	9	8	5
3	6	2	5	8	9	7	1	4
1	2	8	3	9	5	4	6	7
4	3	6	1	2	7	5	9	8
9	7	5	6	4	8	1	3	2
2	1	3	7	6	4	8	5	9
5	8	7	9	1	2	6	4	3
6	9	4	8	5	3	2	7	1

52

3	7	5	4	1	9	8	6	2
8	9	2	5	7	6	3	4	1
6	1	4	8	2	3	5	7	9
2	4	3	9	6	5	7	1	8
5	6	9	7	8	1	4	2	3
1	8	7	3	4	2	9	5	6
7	2	8	6	9	4	1	3	5
9	3	6	1	5	7	2	8	4
4	5	1	2	3	8	6	9	7

53

8	7	6	4	5	**9**	**3**	2	1
5	4	1	2	3	**6**	8	9	**7**
3	**2**	9	**1**	7	8	**6**	**5**	4
2	**5**	**8**	6	1	4	7	3	**9**
7	6	4	**9**	**8**	**3**	2	1	**5**
9	1	3	5	2	7	**4**	**6**	8
4	**9**	**7**	3	6	**1**	5	**8**	2
1	3	2	**8**	4	5	9	7	6
6	8	**5**	**7**	9	2	1	4	3

54

4	5	3	**7**	**8**	1	6	9	**2**
1	9	**6**	**4**	5	2	8	**7**	3
7	**8**	**2**	9	3	6	**1**	5	4
5	**3**	**8**	1	9	4	7	2	6
9	6	1	2	**7**	8	4	3	**5**
2	7	4	3	6	5	**9**	**8**	**1**
6	4	**7**	5	2	**9**	**3**	**1**	8
8	**2**	9	6	1	**3**	**5**	4	7
3	1	5	8	**4**	**7**	2	6	9

55

7	6	4	9	8	1	2	3	5
9	5	2	6	4	3	1	8	7
1	8	3	7	5	2	9	4	6
5	2	8	4	3	9	7	6	1
6	9	1	8	7	5	4	2	3
4	3	7	2	1	6	8	5	9
8	7	6	3	9	4	5	1	2
3	1	9	5	2	8	6	7	4
2	4	5	1	6	7	3	9	8

56

7	4	1	9	5	6	2	3	8
8	2	5	7	1	3	6	9	4
9	6	3	4	8	2	1	7	5
6	7	4	1	3	8	9	5	2
5	3	2	6	9	7	4	8	1
1	8	9	5	2	4	3	6	7
3	1	7	8	4	9	5	2	6
4	9	8	2	6	5	7	1	3
2	5	6	3	7	1	8	4	9

57

9	3	1	4	2	8	6	7	5
7	4	5	1	9	6	2	3	8
2	6	8	3	5	7	9	4	1
4	7	3	2	8	5	1	9	6
5	9	6	7	1	4	8	2	3
1	8	2	9	6	3	7	5	4
3	1	4	8	7	2	5	6	9
6	2	9	5	4	1	3	8	7
8	5	7	6	3	9	4	1	2

58

1	8	2	3	5	6	4	7	9
7	6	3	4	8	9	5	1	2
9	4	5	2	7	1	8	6	3
6	3	1	8	2	7	9	4	5
8	9	4	5	6	3	7	2	1
5	2	7	9	1	4	6	3	8
4	5	9	7	3	2	1	8	6
3	7	6	1	9	8	2	5	4
2	1	8	6	4	5	3	9	7

59

2	9	6	7	4	3	8	1	5
8	7	3	5	6	1	2	4	9
4	5	1	8	9	2	7	6	3
3	2	9	1	8	4	5	7	6
5	4	7	9	3	6	1	2	8
1	6	8	2	5	7	9	3	4
7	3	5	6	2	8	4	9	1
9	1	4	3	7	5	6	8	2
6	8	2	4	1	9	3	5	7

60

5	8	1	9	6	7	2	4	3
3	2	6	8	4	5	1	7	9
7	4	9	2	1	3	6	5	8
4	9	8	7	3	6	5	2	1
6	3	5	4	2	1	8	9	7
2	1	7	5	8	9	3	6	4
1	5	2	3	9	4	7	8	6
8	6	4	1	7	2	9	3	5
9	7	3	6	5	8	4	1	2

61

7	3	5	9	4	1	2	6	8
4	9	1	2	8	6	5	7	3
8	2	6	5	3	7	9	1	4
9	8	3	6	1	4	7	2	5
1	7	2	8	5	9	4	3	6
5	6	4	7	2	3	1	8	9
3	5	7	4	6	2	8	9	1
6	4	9	1	7	8	3	5	2
2	1	8	3	9	5	6	4	7

62

2	5	4	1	3	7	9	8	6
1	9	6	2	4	8	7	5	3
3	7	8	5	9	6	1	2	4
4	1	3	7	2	9	8	6	5
9	6	7	4	8	5	3	1	2
5	8	2	6	1	3	4	9	7
7	2	1	9	6	4	5	3	8
8	4	9	3	5	2	6	7	1
6	3	5	8	7	1	2	4	9

63

1	5	**2**	**6**	**3**	**9**	8	**4**	7
7	8	3	4	1	5	9	6	**2**
6	**9**	4	7	2	**8**	5	1	3
9	**6**	7	**3**	5	2	4	8	1
3	1	8	**9**	4	**7**	2	5	6
4	2	5	8	6	**1**	7	**3**	**9**
2	3	9	**5**	8	6	1	**7**	**4**
5	7	6	1	9	4	3	2	**8**
8	**4**	1	**2**	**7**	**3**	**6**	9	5

64

7	**4**	6	1	**3**	8	9	5	2
1	**9**	8	**7**	5	2	**6**	**3**	4
5	2	3	**9**	**4**	6	7	8	**1**
9	6	4	2	**1**	5	**3**	**7**	8
3	1	2	8	6	7	5	4	9
8	**5**	**7**	3	**9**	4	1	2	6
2	8	9	6	**7**	**3**	4	1	5
6	**3**	**5**	4	2	**1**	8	**9**	7
4	7	1	5	**8**	9	2	**6**	3

Su Doku

65

7	3	2	1	6	4	8	5	9
8	1	4	7	5	9	6	3	2
9	6	5	3	8	2	7	4	1
5	2	8	4	9	7	1	6	3
4	7	1	2	3	6	9	8	5
3	9	6	8	1	5	2	7	4
6	4	9	5	2	8	3	1	7
1	8	7	9	4	3	5	2	6
2	5	3	6	7	1	4	9	8

66

8	2	4	3	5	1	6	9	7
6	5	3	4	9	7	2	1	8
9	7	1	6	2	8	3	5	4
2	9	6	8	7	4	1	3	5
5	4	7	1	3	9	8	6	2
1	3	8	5	6	2	7	4	9
7	6	2	9	1	5	4	8	3
4	1	5	7	8	3	9	2	6
3	8	9	2	4	6	5	7	1

5	2	8	1	6	7	9	3	4
4	3	9	8	5	2	1	7	6
6	7	1	9	3	4	8	2	5
8	9	6	7	2	1	4	5	3
2	1	7	3	4	5	6	8	9
3	4	5	6	8	9	2	1	7
9	5	3	2	1	6	7	4	8
1	6	4	5	7	8	3	9	2
7	8	2	4	9	3	5	6	1

6	3	5	9	4	8	1	2	7
2	1	4	3	5	7	9	6	8
8	7	9	6	2	1	4	3	5
4	5	8	2	3	6	7	9	1
7	6	2	1	9	5	8	4	3
3	9	1	8	7	4	2	5	6
9	8	7	5	6	2	3	1	4
1	2	6	4	8	3	5	7	9
5	4	3	7	1	9	6	8	2

7	3	5	**4**	8	**2**	1	**6**	**9**
9	1	**8**	5	7	6	**2**	**4**	**3**
4	6	2	1	9	3	8	7	5
6	7	3	**2**	5	**1**	9	**8**	4
5	4	**9**	8	**6**	7	**3**	2	**1**
2	**8**	1	**3**	4	9	6	5	**7**
8	9	6	7	3	5	4	1	2
3	**2**	**7**	6	1	4	**5**	9	8
1	**5**	4	**9**	2	**8**	7	3	6

3	**6**	1	**5**	8	7	4	9	2
2	4	9	**3**	**1**	6	8	7	**5**
8	5	**7**	9	**4**	**2**	**6**	1	3
7	2	**5**	4	9	3	1	**8**	**6**
9	**1**	**6**	8	**7**	5	**3**	**2**	4
4	**8**	3	2	6	1	**7**	5	9
5	9	**8**	**7**	**3**	4	**2**	6	1
6	7	4	1	**2**	**9**	5	3	8
1	3	2	6	5	**8**	9	**4**	7

71

4	6	1	2	7	5	3	9	8
5	2	3	6	8	9	1	7	4
7	8	9	1	3	4	5	6	2
2	3	4	7	1	8	6	5	9
9	7	8	5	4	6	2	1	3
6	1	5	9	2	3	4	8	7
3	5	2	8	9	1	7	4	6
8	4	6	3	5	7	9	2	1
1	9	7	4	6	2	8	3	5

72

1	9	4	8	3	5	2	7	6
6	8	7	1	4	2	3	5	9
5	3	2	7	6	9	4	8	1
2	5	1	9	8	3	7	6	4
3	7	8	6	2	4	9	1	5
4	6	9	5	1	7	8	3	2
8	4	6	2	7	1	5	9	3
9	1	3	4	5	8	6	2	7
7	2	5	3	9	6	1	4	8

73

1	7	5	2	3	8	4	9	6
9	6	2	5	1	4	3	8	7
8	3	4	9	6	7	5	2	1
7	2	8	6	4	1	9	5	3
6	5	3	8	2	9	1	7	4
4	1	9	3	7	5	8	6	2
2	9	1	4	5	6	7	3	8
3	8	7	1	9	2	6	4	5
5	4	6	7	8	3	2	1	9

74

4	3	5	2	8	1	7	6	9
2	6	9	4	7	3	5	1	8
7	8	1	5	6	9	4	3	2
9	1	3	7	5	6	8	2	4
5	4	8	1	3	2	9	7	6
6	2	7	8	9	4	1	5	3
8	7	4	6	2	5	3	9	1
1	9	2	3	4	7	6	8	5
3	5	6	9	1	8	2	4	7

75

8	9	6	1	4	3	5	7	2
4	1	7	2	6	5	8	9	3
5	3	2	9	7	8	1	6	4
1	5	9	3	8	7	4	2	6
6	4	3	5	2	9	7	8	1
2	7	8	6	1	4	9	3	5
3	8	1	7	5	2	6	4	9
7	2	5	4	9	6	3	1	8
9	6	4	8	3	1	2	5	7

76

9	8	2	3	6	5	4	1	7
1	3	6	7	9	4	8	5	2
5	4	7	8	2	1	6	3	9
3	2	1	9	8	6	5	7	4
6	5	4	1	7	2	9	8	3
8	7	9	4	5	3	2	6	1
2	9	5	6	1	7	3	4	8
7	6	3	2	4	8	1	9	5
4	1	8	5	3	9	7	2	6

77

3	1	8	9	5	6	2	4	7
5	9	6	7	2	4	8	1	3
7	2	4	8	3	1	5	9	6
4	7	3	1	8	9	6	5	2
9	6	5	3	7	2	4	8	1
1	8	2	4	6	5	3	7	9
6	3	9	5	1	8	7	2	4
2	5	1	6	4	7	9	3	8
8	4	7	2	9	3	1	6	5

78

6	7	3	5	8	9	2	1	4
1	5	8	2	7	4	6	3	9
2	9	4	6	3	1	7	5	8
7	3	6	1	4	2	9	8	5
5	1	2	8	9	6	3	4	7
8	4	9	7	5	3	1	2	6
9	2	1	4	6	8	5	7	3
4	6	7	3	2	5	8	9	1
3	8	5	9	1	7	4	6	2

79

2	8	4	5	7	1	6	3	9
7	3	6	4	9	8	5	1	2
1	9	5	6	3	2	7	4	8
6	4	1	2	8	5	9	7	3
3	5	9	7	4	6	2	8	1
8	2	7	9	1	3	4	6	5
5	7	3	8	2	4	1	9	6
9	1	2	3	6	7	8	5	4
4	6	8	1	5	9	3	2	7

80

8	1	3	6	7	4	5	9	2
7	4	5	1	9	2	6	8	3
2	9	6	5	8	3	7	1	4
9	7	2	4	3	1	8	5	6
3	6	1	8	2	5	4	7	9
5	8	4	9	6	7	3	2	1
1	3	7	2	5	6	9	4	8
6	2	9	7	4	8	1	3	5
4	5	8	3	1	9	2	6	7

81

5	1	2	8	7	6	9	4	3
8	6	4	1	9	3	2	7	5
9	3	7	5	4	2	6	1	8
1	8	6	3	5	4	7	9	2
4	5	3	7	2	9	8	6	1
2	7	9	6	8	1	3	5	4
6	9	8	4	3	5	1	2	7
3	4	1	2	6	7	5	8	9
7	2	5	9	1	8	4	3	6

82

8	2	7	9	1	5	6	4	3
5	6	3	2	4	8	7	9	1
4	1	9	7	6	3	2	8	5
2	7	5	8	9	4	3	1	6
9	3	1	6	5	2	4	7	8
6	4	8	3	7	1	9	5	2
3	5	4	1	2	9	8	6	7
1	8	6	4	3	7	5	2	9
7	9	2	5	8	6	1	3	4

6	1	7	4	8	5	2	3	9
2	4	9	6	7	3	8	1	5
8	5	3	2	1	9	6	4	7
9	2	4	7	6	1	3	5	8
1	6	5	9	3	8	4	7	2
7	3	8	5	4	2	9	6	1
3	7	1	8	2	4	5	9	6
5	8	6	3	9	7	1	2	4
4	9	2	1	5	6	7	8	3

8	4	7	5	6	3	1	2	9
1	9	5	7	8	2	6	3	4
3	2	6	4	1	9	8	7	5
4	5	2	6	3	7	9	8	1
9	8	1	2	4	5	3	6	7
6	7	3	1	9	8	5	4	2
2	6	8	9	5	4	7	1	3
7	1	9	3	2	6	4	5	8
5	3	4	8	7	1	2	9	6

8	4	6	2	3	5	7	1	9
3	9	1	4	8	7	2	5	6
2	7	5	1	6	9	8	3	4
1	5	7	8	4	2	9	6	3
4	8	9	3	7	6	5	2	1
6	3	2	9	5	1	4	7	8
9	1	3	7	2	4	6	8	5
5	2	4	6	1	8	3	9	7
7	6	8	5	9	3	1	4	2

4	1	9	5	8	7	3	6	2
6	5	8	1	3	2	9	7	4
3	2	7	9	4	6	5	8	1
8	9	5	4	7	1	6	2	3
1	3	6	2	5	8	7	4	9
2	7	4	3	6	9	8	1	5
7	4	3	6	1	5	2	9	8
9	6	1	8	2	3	4	5	7
5	8	2	7	9	4	1	3	6

87

5	2	1	4	3	9	8	7	6
4	3	9	7	6	8	2	1	5
6	7	8	5	1	2	4	9	3
7	5	4	3	8	1	9	6	2
1	9	2	6	4	5	3	8	7
3	8	6	9	2	7	5	4	1
8	1	3	2	7	4	6	5	9
9	6	7	8	5	3	1	2	4
2	4	5	1	9	6	7	3	8

88

8	6	2	4	3	1	9	5	7
7	3	1	2	9	5	6	4	8
9	5	4	8	7	6	3	2	1
2	1	9	6	5	7	4	8	3
5	7	8	1	4	3	2	6	9
6	4	3	9	8	2	1	7	5
4	9	7	3	2	8	5	1	6
1	2	5	7	6	9	8	3	4
3	8	6	5	1	4	7	9	2

89

8	9	5	3	7	1	4	6	2
1	7	2	8	4	6	3	5	9
3	4	6	9	2	5	7	8	1
7	6	4	1	5	9	8	2	3
2	8	3	7	6	4	9	1	5
9	5	1	2	8	3	6	7	4
6	2	9	5	3	7	1	4	8
5	1	7	4	9	8	2	3	6
4	3	8	6	1	2	5	9	7

90

8	3	2	4	5	9	6	7	1
4	1	6	8	3	7	9	5	2
5	9	7	2	1	6	4	8	3
3	4	9	6	2	8	7	1	5
6	8	1	7	4	5	3	2	9
7	2	5	3	9	1	8	4	6
2	6	4	1	7	3	5	9	8
9	7	3	5	8	2	1	6	4
1	5	8	9	6	4	2	3	7

91

3	6	4	8	9	1	7	5	2
2	8	1	6	7	5	3	9	4
5	7	9	4	3	2	8	6	1
6	2	5	3	8	4	9	1	7
8	4	7	1	6	9	2	3	5
9	1	3	5	2	7	4	8	6
1	9	8	2	4	6	5	7	3
4	3	6	7	5	8	1	2	9
7	5	2	9	1	3	6	4	8

92

9	3	1	6	8	7	2	4	5
4	5	6	2	3	1	7	8	9
2	8	7	5	4	9	3	1	6
6	2	5	7	1	3	8	9	4
3	9	8	4	2	5	6	7	1
7	1	4	9	6	8	5	2	3
8	6	2	3	9	4	1	5	7
1	7	9	8	5	6	4	3	2
5	4	3	1	7	2	9	6	8

93

1	7	3	9	8	6	2	5	4
8	9	6	5	4	2	7	3	1
5	2	4	3	7	1	6	9	8
2	6	5	8	1	9	4	7	3
4	3	1	7	6	5	8	2	9
7	8	9	4	2	3	1	6	5
9	1	8	6	3	7	5	4	2
3	4	7	2	5	8	9	1	6
6	5	2	1	9	4	3	8	7

94

1	9	7	6	4	8	5	3	2
5	2	6	7	3	9	4	1	8
4	3	8	1	2	5	7	9	6
7	8	5	4	1	3	2	6	9
3	6	4	8	9	2	1	5	7
2	1	9	5	7	6	8	4	3
9	4	2	3	5	7	6	8	1
6	7	1	9	8	4	3	2	5
8	5	3	2	6	1	9	7	4

95

2	1	6	9	5	4	8	7	3
5	9	7	1	8	3	4	6	2
8	4	3	2	6	7	1	9	5
4	3	2	8	9	1	7	5	6
7	6	1	5	4	2	3	8	9
9	8	5	3	7	6	2	1	4
1	5	4	7	2	9	6	3	8
6	7	9	4	3	8	5	2	1
3	2	8	6	1	5	9	4	7

96

4	9	3	2	8	7	1	6	5
5	8	2	1	9	6	4	7	3
6	1	7	5	3	4	2	8	9
9	3	8	6	5	1	7	2	4
1	5	4	9	7	2	6	3	8
2	7	6	3	4	8	9	5	1
8	6	5	4	2	9	3	1	7
3	4	1	7	6	5	8	9	2
7	2	9	8	1	3	5	4	6

8	5	4	1	2	6	3	9	7
3	6	7	9	8	4	5	2	1
9	2	1	5	7	3	6	4	8
6	4	2	8	9	1	7	3	5
5	9	8	7	3	2	1	6	4
1	7	3	6	4	5	9	8	2
2	3	5	4	6	7	8	1	9
4	1	9	3	5	8	2	7	6
7	8	6	2	1	9	4	5	3

9	7	3	8	1	5	6	4	2
2	1	4	3	7	6	9	8	5
6	5	8	9	2	4	3	7	1
3	6	7	5	8	1	4	2	9
1	9	5	4	6	2	8	3	7
4	8	2	7	9	3	5	1	6
5	3	6	2	4	7	1	9	8
8	2	1	6	3	9	7	5	4
7	4	9	1	5	8	2	6	3

2	7	8	5	6	1	9	3	4
3	5	9	8	2	4	6	1	7
1	6	4	3	7	9	2	8	5
7	8	3	2	5	6	1	4	9
5	9	2	1	4	8	7	6	3
4	1	6	7	9	3	8	5	2
8	3	7	4	1	2	5	9	6
6	4	5	9	8	7	3	2	1
9	2	1	6	3	5	4	7	8

6	9	4	7	3	2	5	8	1
7	5	1	8	6	4	9	2	3
3	2	8	1	5	9	7	4	6
9	6	2	5	4	3	8	1	7
1	3	7	6	2	8	4	5	9
4	8	5	9	1	7	3	6	2
5	4	9	2	7	1	6	3	8
8	1	6	3	9	5	2	7	4
2	7	3	4	8	6	1	9	5

Su Doku

101

4	9	1	7	8	3	5	2	6
6	5	2	4	9	1	7	8	3
3	7	8	6	5	2	4	9	1
1	3	4	8	7	6	9	5	2
7	6	9	3	2	5	1	4	8
2	8	5	1	4	9	3	6	7
8	2	3	9	1	4	6	7	5
9	1	7	5	6	8	2	3	4
5	4	6	2	3	7	8	1	9

102

2	7	1	4	6	8	9	5	3
8	3	9	2	1	5	6	4	7
6	5	4	3	7	9	2	8	1
4	9	2	6	8	1	3	7	5
7	6	5	9	3	4	8	1	2
1	8	3	5	2	7	4	6	9
3	2	7	8	5	6	1	9	4
5	4	6	1	9	3	7	2	8
9	1	8	7	4	2	5	3	6

103

4	6	3	8	2	7	5	1	9
9	5	8	3	6	1	2	7	4
7	1	2	4	9	5	6	8	3
2	8	1	6	4	9	3	5	7
6	3	7	2	5	8	4	9	1
5	4	9	7	1	3	8	2	6
1	9	4	5	3	2	7	6	8
8	2	6	9	7	4	1	3	5
3	7	5	1	8	6	9	4	2

104

6	7	5	3	2	9	1	8	4
8	9	4	1	6	5	3	2	7
1	2	3	7	4	8	5	6	9
2	1	7	5	9	3	6	4	8
3	6	9	2	8	4	7	5	1
5	4	8	6	7	1	9	3	2
9	8	6	4	5	7	2	1	3
7	5	1	8	3	2	4	9	6
4	3	2	9	1	6	8	7	5

105

6	5	9	8	1	4	3	2	7
7	4	2	9	3	6	1	8	5
8	3	1	5	7	2	9	6	4
1	8	6	7	4	3	5	9	2
9	2	5	1	6	8	4	7	3
4	7	3	2	9	5	8	1	6
5	6	8	4	2	1	7	3	9
3	1	7	6	5	9	2	4	8
2	9	4	3	8	7	6	5	1

106

2	8	9	1	5	7	3	4	6
4	1	3	2	6	9	5	8	7
5	6	7	4	3	8	9	2	1
9	2	1	3	4	5	7	6	8
8	4	6	9	7	2	1	5	3
7	3	5	6	8	1	4	9	2
6	7	4	8	9	3	2	1	5
1	5	8	7	2	4	6	3	9
3	9	2	5	1	6	8	7	4

2	3	1	6	9	8	5	7	4
5	7	9	1	2	4	6	8	3
4	8	6	5	3	7	1	2	9
6	4	5	2	1	9	7	3	8
1	2	7	8	4	3	9	6	5
3	9	8	7	6	5	4	1	2
7	6	3	4	5	2	8	9	1
9	1	4	3	8	6	2	5	7
8	5	2	9	7	1	3	4	6

9	3	2	8	1	6	7	5	4
1	7	6	9	4	5	3	2	8
8	5	4	2	3	7	6	1	9
7	8	1	4	6	3	5	9	2
6	9	3	5	2	8	4	7	1
4	2	5	1	7	9	8	6	3
3	4	7	6	9	1	2	8	5
2	1	8	7	5	4	9	3	6
5	6	9	3	8	2	1	4	7

2	4	5	3	7	1	6	9	8
6	3	7	9	5	8	1	2	4
8	1	9	4	6	2	5	7	3
4	5	8	1	9	7	3	6	2
9	7	1	6	2	3	8	4	5
3	2	6	8	4	5	7	1	9
7	6	3	2	8	9	4	5	1
5	8	2	7	1	4	9	3	6
1	9	4	5	3	6	2	8	7

4	5	3	6	7	1	2	9	8
8	6	1	4	9	2	5	3	7
7	9	2	5	8	3	6	4	1
2	8	5	7	3	9	4	1	6
9	1	6	8	4	5	7	2	3
3	4	7	1	2	6	9	8	5
5	2	9	3	1	7	8	6	4
6	3	8	9	5	4	1	7	2
1	7	4	2	6	8	3	5	9

111

2	5	9	**4**	6	1	8	7	**3**
8	**7**	4	5	3	9	1	**6**	2
3	6	**1**	7	**2**	8	**9**	4	5
1	4	7	**9**	5	**3**	**2**	**8**	6
9	8	**6**	1	7	2	**5**	3	4
5	**3**	**2**	**8**	4	**6**	7	9	1
6	9	**8**	3	**1**	5	**4**	2	7
7	**2**	5	6	8	4	3	**1**	9
4	1	3	2	9	**7**	6	5	8

112

2	3	5	7	4	**1**	9	6	8
6	**9**	1	**5**	8	3	4	**7**	2
7	**8**	**4**	**6**	9	2	1	3	5
5	1	6	4	2	**9**	7	8	**3**
4	**7**	8	3	1	6	2	**5**	**9**
9	2	3	**8**	7	5	6	4	**1**
3	6	9	2	5	**4**	**8**	**1**	7
1	**5**	7	9	6	**8**	3	**2**	4
8	4	2	**1**	3	7	5	9	**6**

113

2	7	1	6	4	3	5	8	9
8	4	6	5	9	7	1	2	3
5	9	3	8	2	1	4	6	7
7	8	4	2	6	5	3	9	1
6	2	5	1	3	9	8	7	4
3	1	9	4	7	8	2	5	6
1	3	2	7	5	6	9	4	8
9	5	7	3	8	4	6	1	2
4	6	8	9	1	2	7	3	5

114

9	4	5	2	7	8	6	1	3
6	7	3	4	5	1	2	8	9
1	8	2	9	3	6	4	5	7
3	5	1	8	4	7	9	6	2
2	6	7	1	9	5	8	3	4
4	9	8	6	2	3	5	7	1
8	3	4	5	1	9	7	2	6
5	1	9	7	6	2	3	4	8
7	2	6	3	8	4	1	9	5

115

1	4	2	8	9	5	3	7	6
7	3	6	4	2	1	9	5	8
9	8	5	6	7	3	4	2	1
3	1	8	5	4	9	7	6	2
4	5	9	2	6	7	1	8	3
2	6	7	3	1	8	5	4	9
6	7	3	9	8	4	2	1	5
5	2	4	1	3	6	8	9	7
8	9	1	7	5	2	6	3	4

116

4	2	8	6	3	7	5	9	1
6	5	9	8	4	1	3	7	2
7	3	1	2	9	5	4	8	6
1	9	4	3	2	8	6	5	7
8	7	3	1	5	6	2	4	9
2	6	5	9	7	4	1	3	8
9	8	6	5	1	3	7	2	4
5	4	2	7	6	9	8	1	3
3	1	7	4	8	2	9	6	5

117

6	8	1	4	5	9	7	2	3
5	2	7	1	3	6	8	9	4
3	9	4	7	8	2	5	6	1
9	7	5	6	1	4	2	3	8
2	4	8	3	7	5	6	1	9
1	6	3	2	9	8	4	7	5
8	1	9	5	6	7	3	4	2
7	3	2	8	4	1	9	5	6
4	5	6	9	2	3	1	8	7

118

1	2	5	9	7	4	6	3	8
6	7	4	3	8	1	9	5	2
9	8	3	5	6	2	1	7	4
4	9	6	8	5	3	7	2	1
3	1	7	6	2	9	8	4	5
2	5	8	4	1	7	3	6	9
7	6	1	2	9	5	4	8	3
5	4	9	7	3	8	2	1	6
8	3	2	1	4	6	5	9	7

119

8	6	9	4	3	2	7	5	1
5	2	4	7	8	1	6	3	9
1	3	7	6	5	9	8	4	2
2	7	6	3	4	8	1	9	5
3	1	8	9	7	5	4	2	6
4	9	5	2	1	6	3	8	7
6	4	1	5	2	3	9	7	8
9	5	3	8	6	7	2	1	4
7	8	2	1	9	4	5	6	3

120

1	2	9	4	6	7	3	8	5
5	6	3	1	8	2	9	4	7
4	7	8	5	3	9	2	1	6
7	5	4	9	1	3	8	6	2
2	9	6	8	7	4	1	5	3
8	3	1	2	5	6	7	9	4
3	1	2	6	9	5	4	7	8
6	8	7	3	4	1	5	2	9
9	4	5	7	2	8	6	3	1

121

6	8	1	5	2	7	4	9	3
2	5	4	6	9	3	7	8	1
3	9	7	4	1	8	5	6	2
7	4	8	9	3	2	1	5	6
5	3	2	1	7	6	9	4	8
9	1	6	8	5	4	2	3	7
4	7	9	3	6	1	8	2	5
8	2	3	7	4	5	6	1	9
1	6	5	2	8	9	3	7	4

122

5	4	8	3	6	9	2	1	7
3	1	7	2	4	8	6	9	5
2	9	6	7	1	5	3	8	4
8	3	4	5	2	7	1	6	9
1	7	9	6	8	3	4	5	2
6	5	2	4	9	1	7	3	8
7	6	5	8	3	4	9	2	1
4	2	1	9	5	6	8	7	3
9	8	3	1	7	2	5	4	6

123

7	2	8	6	4	9	5	1	3
6	1	9	8	5	3	4	2	7
4	3	5	7	2	1	8	6	9
8	9	7	5	3	2	1	4	6
5	4	1	9	7	6	3	8	2
2	6	3	1	8	4	9	7	5
1	7	2	4	9	5	6	3	8
3	5	6	2	1	8	7	9	4
9	8	4	3	6	7	2	5	1

124

1	5	6	3	8	9	4	7	2
8	4	2	6	1	7	9	3	5
9	3	7	2	5	4	8	6	1
4	8	5	7	2	3	6	1	9
7	1	3	8	9	6	5	2	4
6	2	9	1	4	5	3	8	7
5	6	1	9	3	2	7	4	8
2	7	4	5	6	8	1	9	3
3	9	8	4	7	1	2	5	6

125

3	8	1	6	5	4	9	2	7
4	6	5	7	9	2	3	1	8
2	7	9	1	3	8	4	5	6
9	2	8	4	6	3	5	7	1
6	1	3	9	7	5	2	8	4
7	5	4	8	2	1	6	9	3
5	4	2	3	8	7	1	6	9
8	3	6	2	1	9	7	4	5
1	9	7	5	4	6	8	3	2

126

4	2	6	3	7	8	9	5	1
1	5	9	2	6	4	3	8	7
3	7	8	1	9	5	4	2	6
2	1	5	6	4	7	8	9	3
9	8	7	5	1	3	6	4	2
6	4	3	8	2	9	7	1	5
8	9	1	7	3	2	5	6	4
7	6	4	9	5	1	2	3	8
5	3	2	4	8	6	1	7	9

127

4	6	7	3	2	1	5	9	8
1	9	5	4	8	7	3	2	6
3	8	2	5	9	6	1	4	7
5	1	3	8	7	4	9	6	2
8	7	9	2	6	3	4	1	5
2	4	6	9	1	5	7	8	3
9	5	4	6	3	8	2	7	1
7	2	8	1	5	9	6	3	4
6	3	1	7	4	2	8	5	9

128

4	8	5	9	7	1	3	2	6
9	7	1	6	3	2	4	8	5
2	3	6	8	5	4	9	7	1
6	2	7	5	8	9	1	3	4
3	1	9	7	4	6	8	5	2
8	5	4	1	2	3	6	9	7
1	6	3	2	9	5	7	4	8
7	9	2	4	6	8	5	1	3
5	4	8	3	1	7	2	6	9

129

2	9	3	8	1	5	6	4	7
1	4	7	2	6	9	3	8	5
6	5	8	7	3	4	2	1	9
9	8	5	3	4	7	1	2	6
3	6	4	5	2	1	9	7	8
7	2	1	6	9	8	5	3	4
4	7	6	1	5	2	8	9	3
8	3	2	9	7	6	4	5	1
5	1	9	4	8	3	7	6	2

130

4	2	5	7	1	3	9	8	6
9	8	3	5	2	6	1	7	4
7	1	6	4	9	8	2	5	3
2	5	8	1	3	4	6	9	7
3	4	7	6	8	9	5	1	2
6	9	1	2	5	7	4	3	8
8	6	4	9	7	1	3	2	5
1	7	2	3	6	5	8	4	9
5	3	9	8	4	2	7	6	1

131

4	6	2	9	8	7	1	5	3
5	7	9	4	3	1	8	6	2
1	3	8	6	2	5	4	9	7
8	2	1	7	5	6	9	3	4
7	5	4	2	9	3	6	8	1
6	9	3	8	1	4	2	7	5
9	1	5	3	6	2	7	4	8
2	8	7	5	4	9	3	1	6
3	4	6	1	7	8	5	2	9

132

2	7	4	1	8	5	9	3	6
9	5	8	4	3	6	7	1	2
6	3	1	2	7	9	5	8	4
7	1	2	9	5	3	6	4	8
8	6	3	7	1	4	2	5	9
4	9	5	6	2	8	1	7	3
3	2	7	8	6	1	4	9	5
5	4	6	3	9	7	8	2	1
1	8	9	5	4	2	3	6	7

133

5	9	4	3	6	1	7	2	8
8	7	6	5	2	9	4	1	3
3	1	2	8	4	7	6	9	5
4	5	3	1	9	6	8	7	2
1	2	9	7	8	5	3	6	4
6	8	7	2	3	4	1	5	9
9	4	8	6	7	2	5	3	1
2	6	5	4	1	3	9	8	7
7	3	1	9	5	8	2	4	6

134

9	1	2	8	3	6	4	5	7
3	5	8	9	4	7	1	2	6
6	4	7	5	2	1	3	9	8
5	6	1	2	8	4	9	7	3
2	9	3	7	6	5	8	4	1
7	8	4	3	1	9	2	6	5
1	3	5	4	7	2	6	8	9
8	2	9	6	5	3	7	1	4
4	7	6	1	9	8	5	3	2

135

5	3	6	7	2	1	8	4	9
7	9	2	5	4	8	1	6	3
8	4	1	3	9	6	2	5	7
9	8	4	2	7	3	6	1	5
6	7	3	1	8	5	9	2	4
2	1	5	4	6	9	7	3	8
3	6	9	8	5	2	4	7	1
4	5	8	6	1	7	3	9	2
1	2	7	9	3	4	5	8	6

136

8	4	9	5	2	6	7	1	3
6	1	7	3	8	9	2	4	5
5	3	2	1	4	7	9	8	6
3	9	1	8	5	4	6	2	7
7	8	4	6	9	2	5	3	1
2	5	6	7	3	1	8	9	4
9	6	3	2	1	5	4	7	8
1	2	5	4	7	8	3	6	9
4	7	8	9	6	3	1	5	2

137

7	4	1	3	5	9	2	8	6
5	8	6	7	1	2	3	4	9
3	2	9	8	6	4	5	7	1
8	1	2	9	4	7	6	3	5
4	9	3	5	8	6	1	2	7
6	5	7	1	2	3	8	9	4
1	3	5	4	9	8	7	6	2
2	7	4	6	3	1	9	5	8
9	6	8	2	7	5	4	1	3

138

6	4	3	2	1	8	7	9	5
8	9	7	5	4	3	2	1	6
5	2	1	6	7	9	4	8	3
3	6	2	1	8	4	9	5	7
1	7	5	9	2	6	3	4	8
4	8	9	7	3	5	6	2	1
2	3	4	8	5	7	1	6	9
9	1	8	3	6	2	5	7	4
7	5	6	4	9	1	8	3	2

139

7	9	8	4	3	6	2	5	1
5	1	6	7	2	9	8	4	3
3	4	2	8	1	5	6	9	7
2	7	5	1	8	4	3	6	9
1	8	4	9	6	3	7	2	5
6	3	9	5	7	2	4	1	8
8	6	1	2	5	7	9	3	4
4	5	3	6	9	8	1	7	2
9	2	7	3	4	1	5	8	6

140

5	7	6	2	4	9	3	8	1
4	3	8	7	6	1	2	5	9
1	9	2	3	5	8	4	6	7
8	1	3	6	9	5	7	2	4
7	2	5	1	3	4	6	9	8
6	4	9	8	2	7	1	3	5
9	6	7	5	1	3	8	4	2
3	8	4	9	7	2	5	1	6
2	5	1	4	8	6	9	7	3

141

3	9	4	8	2	1	6	5	7
1	5	8	9	7	6	2	3	4
6	7	2	4	5	3	8	1	9
2	8	5	3	9	4	1	7	6
9	3	7	1	6	5	4	2	8
4	6	1	2	8	7	3	9	5
7	4	6	5	1	2	9	8	3
5	2	9	6	3	8	7	4	1
8	1	3	7	4	9	5	6	2

142

5	6	2	8	1	7	4	9	3
1	7	3	2	4	9	6	8	5
9	4	8	5	6	3	2	1	7
8	5	6	3	9	4	7	2	1
4	1	7	6	2	8	3	5	9
2	3	9	1	7	5	8	6	4
6	8	4	7	5	1	9	3	2
3	9	5	4	8	2	1	7	6
7	2	1	9	3	6	5	4	8

143

5	2	4	7	8	3	6	1	9
8	7	1	4	9	6	3	5	2
9	3	6	2	1	5	8	7	4
1	4	3	5	2	9	7	8	6
7	8	5	3	6	4	2	9	1
6	9	2	1	7	8	4	3	5
3	1	8	6	5	2	9	4	7
4	6	7	9	3	1	5	2	8
2	5	9	8	4	7	1	6	3

144

1	4	7	9	5	3	8	6	2
6	9	3	7	8	2	1	5	4
2	8	5	6	1	4	3	7	9
4	2	1	5	3	6	7	9	8
9	7	6	1	2	8	4	3	5
3	5	8	4	9	7	6	2	1
5	6	4	8	7	9	2	1	3
7	1	2	3	4	5	9	8	6
8	3	9	2	6	1	5	4	7

145

4	7	1	9	3	8	5	2	6
8	5	2	6	7	4	1	3	9
9	3	6	1	5	2	4	7	8
6	1	8	3	9	7	2	4	5
3	4	5	8	2	6	7	9	1
7	2	9	5	4	1	6	8	3
2	6	3	4	1	9	8	5	7
5	8	7	2	6	3	9	1	4
1	9	4	7	8	5	3	6	2

146

8	4	2	1	6	5	9	3	7
6	1	7	9	4	3	5	2	8
3	5	9	2	7	8	6	4	1
7	9	1	3	2	6	8	5	4
2	8	5	7	1	4	3	9	6
4	3	6	5	8	9	1	7	2
1	6	3	4	5	7	2	8	9
9	7	8	6	3	2	4	1	5
5	2	4	8	9	1	7	6	3

147

8	1	2	5	9	4	7	6	3
4	5	9	3	6	7	1	8	2
6	7	3	1	8	2	5	4	9
2	8	1	4	7	6	9	3	5
7	3	6	2	5	9	8	1	4
9	4	5	8	3	1	6	2	7
1	2	8	7	4	5	3	9	6
3	9	7	6	2	8	4	5	1
5	6	4	9	1	3	2	7	8

148

2	4	3	6	5	9	7	8	1
6	8	1	4	7	2	9	3	5
9	5	7	8	1	3	2	6	4
5	6	2	1	3	7	4	9	8
1	3	9	5	8	4	6	2	7
8	7	4	2	9	6	5	1	3
3	2	6	7	4	1	8	5	9
4	9	8	3	6	5	1	7	2
7	1	5	9	2	8	3	4	6